走近CPI

国家统计局城市社会经济调查司 编

（京）新登字 041 号

图书在版编目（CIP）数据

走近 CPI/国家统计局城市社会经济调查司编．
—北京：中国统计出版社，2010.10
ISBN 978－7－5037－6110－2

Ⅰ．①走…　Ⅱ．①国　…　Ⅲ．①消费品价格指数－中国
Ⅳ．①F714.1

中国版本图书馆 CIP 数据核字（2010）第 194194 号

走近 CPI

作　　者/国家统计局城市社会经济调查司编
责任编辑/申明九
装帧设计/杨　超
出版发行/中国统计出版社
通信地址/北京市西城区月坛南街 57 号
邮政编码/100826
办公地址/北京市丰台区西三环南路甲 6 号
网　　址/www.stats.gov.cn/tjshujia
电　　话/邮购（010）63376907　书店（010）68783172
印　　刷/河北天普润印刷厂
经　　销/新华书店
开　　本/710×1000 毫米　1/16
字　　数/50 千字
印　　张/5
印　　数/1—11000 册
版　　别/2010 年 10 月第 1 版
版　　次/2010 年 10 月第 1 次印刷
书　　号/ISBN 978－7－5037－6110－2/F·2956
定　　价/20.00 元

目 录

第一部分 CPI——概念解读

第二部分 CPI——编制解读

第三部分 CPI——实用解读

第一部分

CPI——概念解读

1. 什么是 CPI？

“我身边的人从来没有像今天这样关心宏观经济。上午，无数的人在等两个数据，上半年 GDP 和 CPI——投资人士在等，他们想判断投资机会是否来到；老百姓也在等，他们希望自己心里的一块石头落地”，这是中央电视台经济半小时栏目《他们眼中的中国经济》主持人的开场白。“养老金缩水跑输 CPI 中国养老两大支柱临挑战”，这是《财经国家周刊》的文章标题。的确，国家统计局每月定期公布的 CPI 及相关内容，越来越成为人们关注的焦点。“今天的蔬菜又涨价了!”、“这个月的 CPI 是涨了还是跌了?”、“CPI 涨了，股市下跌了”等等，经常听到人们这样的议论。CPI 已经成为各级政府关注的宏观经济指标，成为媒体、民众街谈巷议最热门的词汇之一。

但是，很多人都把 CPI 理解为商品价格的代名词了。其实，商品价格和 CPI 有着密切的联系，但是不能完全划等号。那么商品价格又与 CPI 有着怎样的联系呢?

商品的价格是商品价值的货币表现。商品价格的表现形式如：电视机每台 2800 元，白菜每千克 1.8 元，西瓜每千克 1.6 元等。而 CPI (Consumer Price Index) 指消费者价格指数，我国称之为居民消费价格指数，它是反映城乡居民家庭购买并用于日常生活消费的一篮子商品和服务项目价格水平随时间而变动的相对数，在一定程度上反映了通货膨胀（或紧缩）的程度。可见，CPI 不是商品价格，而是一组商品和服务项目价格变动的相对数，是平均综合指标。CPI是在居民消费价格统计的基础上编制计算出来的。

2. 什么是价格水平？

商品价格高低反映的是商品的价格水平，是由可以进行交换的等价货币表现的。某类商品（服务）的价格水平是将同类商品（服务）价格通过计算得到的平均价格，反映的是一定地区、一定时期该类商品的绝对价格水平，在数学形式上是一个绝对数。

举个例子：2008年6月份某地大米中籼米、粳米的平均价格（下同）分别为每千克3.5元、3.68元。猪后臀尖肉、猪五花肉平均价格每千克分别为25.92元、24.5元。鲜鸡蛋平均价格为每千克7.56元。

从以上数据只能看出：2008年6月份某地大米、猪肉、鸡蛋等商品价格的绝对水平，而看不出这些商品价格的变动程度。如果要观察2008年7月份这些商品价格变动了多少，是涨还是跌，就要运用价格指数。

3. 什么是价格指数？

价格指数是反映不同时期一组商品（服务项目）价格水平的变化

方向、趋势和程度的经济指标，是经济指数的一种，通常以报告期和基期相对比的相对数来表示。价格指数是研究价格动态变化的一种工具。

价格指数按其所包括范围的不同分为：个体指数（反映某一种商品或服务项目价格水平升降程度的指数）、类指数（反映某一类商品或服务项目价格水平升降程度的指数）、总指数（反映全部商品及服务项目价格总水平升降程度的指数）。

同样以某地2008年6月主要农产品价格行情为例：6月份大米中籼米、粳米每千克的平均价格（下同）分别为3.5元、3.68元，到7月份，其价格分别为3.52元、3.75元，指数分别为100.6%、101.9%。6月份猪后臀尖肉、猪五花肉平均价格每千克分别为25.92元、24.5元，到7月份，其价格分别为25.55元、23.5元，价格指数分别为98.6%、95.9%。

上文中既描述了价格又反映了指数，可看出价格变动的特点为：大米价格微涨，猪肉价格呈现小幅下降态势。从而既了解大米、猪肉等农产品的价格水平，又掌握了其价格的变动程度。

4. 价格水平和价格指数有什么区别？

通过对价格水平和价格指数的介绍，再来比较两者的区别就很容易了。首先是两者的表现形式不同：价格水平是个绝对数，而价格指数是一个相对数。其次是两者的用途不同：价格水平反映的是在一定时期商品和服务项目价格的水平，是一个静态指标。价格指数是用两个不同时期的价格水平相比较，反映一定时期内商品价格水平变动情况，是一个反映动态变化的指标。举个例子，某地大白菜9月份每千克的平均价格为2.8元，8月份为2.4元，这说明了8、9月份大白菜的“价格水平”。如果要反映大白菜价格9月份比8月份的变动程度，则需要计算价格指数。就是用9月份大白菜的平均价格除以8月份平均价格再乘以100%求得，即：2.8/2.4×100%=116.7%，也就是说，9月份大白菜的价格比8月份上涨了16.7%。反过来说，如果9月份大白菜的平均价格每千克为2.4元，8月份为2.8元，这说明9月份大白菜的“价格水平”比8月份下降了。9月份比8月份大白菜的价格指数则为：2.4/2.8×100%=85.7%。也就是说，9月份比8月份大白菜的价格下跌了14.3%。依此类推，其他所有商品价格的变动程度，以及对整个商品价格总水平的影响大小，都可以通过价格指数来反映。

5. 什么是定基价格指数？

定基价格指数是指在一定时期内对比基期固定不变的价格指数。通常以某一年为基期来计算。以固定期价格水平为100，如果计算期的价格指数高于100%，表示这一时期的价格水平上升，低于100%，则表明这一时期的价格水平下降。编制定基价格指数的目的在于观察物价变动长期趋势及其规律。这是世界上多数国家计算居民消费价格指数所采用的方法。

为更好地满足国民经济核算、进行国际比较和满足社会各界的需要，国家统计局从 2001 年 1 月份开始，按照固定基期编制居民消费价格指数，首轮基期固定在 2000 年，即以 2000 年平均价格水平为固定对比基数，以后每 5 年更换一次。下一个固定对比基期定为 2010 年。

从定基价格指数的作用来看，主要有三方面：

一是能够剔除数量结构变化对月度或季度环比价格指数的影响，单纯反映月度或季度市场价格的变化趋势，从而加强对短期价格变动的影响分析、走势判断和宏观监测。

二是可以观测任意时期价格变动状况，大大提高价格统计指标的应用价值。由于定基指数分月计算针对固定基期的价格变动幅度，它既可以观测较长时间（如 5 年），也可以观测较短时间（季度累计、月份）价格变动情况，适应性和实用性都很强。

三是有利于价格统计资料的国际对比，实现价格统计制度方法与国际接轨。

6. 什么是环比价格指数?

环比价格指数是指在一个价格指数数列中，每个指数都以计算期的前期为基期（对比期）而计算的价格指数。其特点是基期随计算期的变动而有规律地变动。编制环比价格指数的目的在于观察物价的逐期变动趋势和程度。以前期为基期（月指数为上月、季指数为上季、年指数为上年）的价格指数称环比价格指数；以上年同期为基期（月指数为上年同月，季指数为上年同季）的价格指数称年距环比价格指数。

常用的月环比价格指数，就是以上月价格水平为100的价格指数。月度环比指数反映了一个较短时期内（一个月）的价格变动，与同比、年度、定基指数相比，由于时间较短，老百姓印象更深刻，感受更强烈。例如：8月份猪肉每千克20元，9月份为22元，那么9月份猪肉价格的月环比指数为110%，即价格上涨了10%；如果8月份猪肉每千克价格为20元，9月份为16元，则9月份猪肉价格的月环比指数为80%，价格下降了20%；如果9月和8月的价格一致，则环比指数为100%。但环比价格指数受季节、气候和突发事件的影响较大。

7. 定基价格指数和环比价格指数有什么联系？

定基价格指数和环比价格指数之间有着密切的联系。如果不需加权或按同一个权数加权，那么各个时期环比指数连乘之积等于定基指数。

在不需要加权时，其数学关系是：

$$\frac{\sum P_n}{\sum P_0} = \frac{\sum P_1}{\sum P_0} \times \frac{\sum P_2}{\sum P_1} \times \frac{\sum P_3}{\sum P_2} \times \cdots\cdots \times \frac{\sum P_n}{\sum P_n - 1}$$

需要加权而权数相同时，只是分子分母同乘一个固定的权数，上述等式关系依然存在。同理，环比指数也可通过定基指数相除求得。

$$I_{环比}=\frac{报告期（月）定基指数}{上期（月）定基指数}\times 100\%$$

在环比的每个指数采用变动数加权的情况下（除特殊条件外），一般不存在上述数学关系。

8. 什么是同比价格指数?

同比价格指数就是通常的年距环比指数，也就是为剔除季节性因素，本年某月（季）与上年同月（季）对比的价格指数。

例如：某地2008年6月份与上年同月比，CPI为107.2%，其中猪肉价格指数为109.5%。即说明，与2007年6月份相比较，2008年6月份CPI及猪肉价格是上涨的，涨幅分别为7.2%和9.5%。

9. 什么是计算CPI的权数?

从统计理论来说，权数又称比重，是用来衡量总体中各单位标志值在总体中作用大小的数值。举一个例子说明权数的概念：如果在住宅小区里，按投票数决定是否采纳某项意见，而住户投票时按照住宅面积的大小计算票数来行使业主的权力，那么每户住宅面积占整个小区面积的比重就是计算票数的权数。

权数一般有两种表现形式：一是绝对数（频数）表示，另一个是用相对数（频率）表示。相对数是用绝对数计算出来的百分数（%）或千分数（‰）表示的，又称比重。权数又分为固定权数和变动权数两种。固定权数是指权数确定后在较长时期内不变；变动权数是指权数随报告期变动而调整变动。

在计算价格指数时，由于各种商品的性质不同，使用价值不同，价值量大小也不相同，因此不能把每种商品的价格直接相加后进行比较；也不能把每种商品的价格变动幅度用简单算术平均法计算。计算CPI所用的权数，是每一种商品或服务项目在居民所有消费商品和服务项目总支出中所占的比重，是反映各调查项目的价格变动对总指数变动影响程度的指标。权数根据居民家庭住户调查资料及相关统计资料整理得出，必要时辅以典型调查或专家评估来补充和完善。

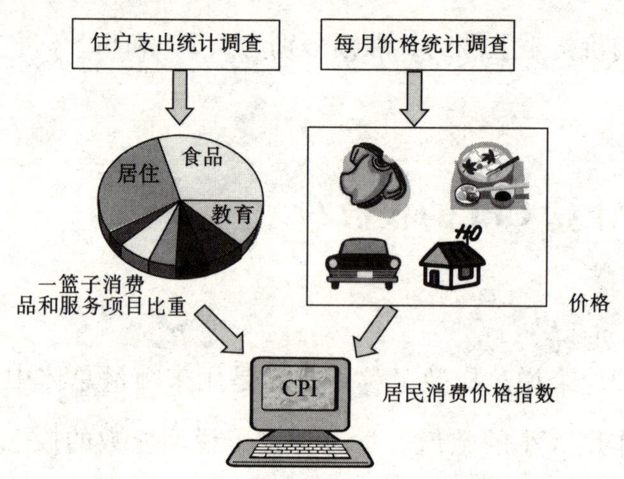

10. 什么是"翘尾因素"或"翘尾影响"?

在有关 CPI 的分析文章和新闻稿件中，经常会出现"翘尾因素"或"翘尾影响"一词。那么，什么是"翘尾因素"或"翘尾影响"呢?"翘尾因素"或"翘尾影响"是指上年价格上涨（下降）对本年同比价格指数的滞后（延伸）影响。也就是在计算同比价格指数过程中，上年商品价格上涨（下降）对下一年价格指数的影响。

一般说来，上年价格上涨（下降）的时间早，则对下年指数的翘尾影响小；而上年价格上涨（下降）的时间晚，则对下年指数的翘尾影响大。上年调价幅度愈大，时间愈晚，翘尾影响就会愈加明显。因此在 CPI 的分析预测中，"翘尾因素"是一个不可忽视的问题。举个简单的例子：如某一商品 2006 年前 6 个月价格均为每千克 1 元，7 月份上涨到 2 元，然后一直到 2007 年 12 月份都保持在 2 元。那么，虽然 2007 年全年价格保持稳定，但如计算 2007 年前 6 个月与 2006 年前 6 月比的价格指数则为 200%，表明价格上涨一倍，这就是 2006 年 7 月份价格上涨对下一年前 6 个月价格指数的滞后影响，简称"翘尾因素"。

11. 什么是“新涨价因素”?

新涨价因素是指由于当年（当期）商品和服务项目价格的上涨对CPI的上涨产生的影响。通常情况下，人们用CPI的同比指数反映年度价格总水平的变动程度，而它是“翘尾因素”和“新涨价因素”两个因素作用的结果。

例如某地2009年与2008年相比，CPI为102.0%，其中2008年价格上涨的“翘尾因素”影响总水平上涨仅0.5个百分点，那么2009年“新涨价因素”影响总水平上涨就是1.5个百分点。显而易见，“新涨价因素”的影响程度高达75%。因此，“新涨价因素”也是我们分析预测价格走势时应考虑的一个非常重要的因素。

12. 什么是价格传导?

在分析引起CPI上涨的原因时，经常会提到价格传导问题。简单的说，价格传导是指上游产品价格变化引起下游产品的同向变化。比如说石油涨价导致汽油涨价，进而交通运输价格跟随上涨。在实际生活中，价格传导往往存在传导时间上的滞后及传导内容上的不一致等情况。比如大家关心的PPI向CPI的传导。通常情况下，PPI传导至CPI

就有时间上的滞后，这主要取决于上游企业向下游转嫁成本的能力以及市场的竞争程度。在完全竞争的市场环境下，过高的PPI只能靠企业自身去消化，直到接近企业成本承受的极限。或者企业被迫选择减产或转行，市场供给出现收缩，终端产品价格上涨，从而完成传导周期。

13. 什么是可比价格？

人们在日常生活中几乎天天要接触到价格问题，去商场和超市购买商品要接触各种商品的零售价格，去农贸市场买菜要接触各种蔬菜价格，乘公共汽车和地铁要接触公共交通票的价格等等。这些价格反映的是商品和服务项目的现时价格。而在经济社会工作中，为了使经济指标的价值量在不同年份之间进行对比，就必须消除价格变动的因素，才能真实地反映经济发展动态。因此，扣除了价格变动因素后用来计算各种总量指标的价格就是可比价格。用可比价格比较，可进行不同时期总量指标的对比。按可比价格计算总量指标有两种方法：一种是直接用产品产量乘某一年的不变价格计算；另一种是用价格指数进行缩减。目前国内生产总值、工业总产值等指标在计算增长速度时，一般都使用可比价格计算。

14. 什么是通货膨胀？

说到通货膨胀，也许人们还记得曾经发生抢购风潮，很多人连食用盐都是上百斤的抢购，更不要说是其他日用品了。为什么在政治经济学教科书中读到的经济学现象，也会在中国经济发展进程中出现呢？这就要深入了解通货膨胀的涵义了。从理论上来说，通货膨胀是在纸币流通的条件下，流通的货币超过实际需要量而引起的货币贬值、物价持续而普遍上涨的经济现象，其实质是社会总需求大于社会总供给的现象。

从经济表现来看，通货膨胀是指一般商品和服务项目价格水平全面、持续、大幅度上涨的一种经济状态。通货膨胀具有以下主要特点：一是一般商品和服务项目价格的上涨，而不是指股票、债券和其他金融资产价格的上涨；二是价格水平全面的上涨，即商品和服务项目价格水平全面上涨，而非具体商品和服务项目价格或部分地区价格水平的上涨；三是价格水平的持续性上涨，而非偶然、短期的价格上涨。四是看货币供应量是否过大。通货膨胀表现为物价上涨，但起因是货币供给过多，没有货币供给过多的物价上涨也不应属于通货膨胀。

随着经济全球化进程的加快，发生通货膨胀的原因也在发生变化，但目前按引起通货膨胀的原因和表现来看，一般把通货膨胀分为需求拉动型、结构型和成本推动型三种类型。

15. 什么是通货紧缩?

通货紧缩是与通货膨胀相对立的一种经济现象。因此我们以通货膨胀相反的经济现象来理解通货紧缩就很容易了。通货紧缩的主要特征是一般商品和服务项目价格水平全面、持续、普遍下降的一种经济状态，它不是地区性的下降，也不是偶然、短期的价格下降。目前对通货紧缩的定义存在较多争议。比如《中国大百科全书》的《经济学》分卷中，将通货紧缩定义为“在流通过程中收缩货币量或减慢纸币发行增长率以提高货币的购买力或减轻纸币贬值的程度”。而在经济学界则有主张“单一要素论”、“二要素论”，还有主张“三要素论”的。持“单一要素论”观点的人认为，通货紧缩是指一般商品与服务的货币价格普遍地不断下降；持“二要素论”观点的人认为通货紧缩需要满足商品和服务项目价格持续下降、货币供应量持续下降两个必要条件，并且通货紧缩伴随着经济衰退；“三要素论”观点与“二要素论”观点的区别主要在于把经济衰退作为通货紧缩的衡量标准而不是伴随物、附带物。

16. 什么是临时价格干预？

临时价格干预是指为了防止经营者利用市场波动串通涨价、哄抬价格等，损害消费者和其他经营者的利益，保持价格总水平基本稳定，政府采取的行政管理手段。《价格法》第三十条明确规定：当重要商品和服务项目价格显著上涨或者有可能显著上涨时，国务院和省、自治区、直辖市人民政府可以对部分价格采取限定差价率或者利润率、规定限价、实行提价申报制度和调价备案制度等临时价格干预措施。《价格法》第三十九条明确规定，经营者不执行法定的临时价格干预措施的，责令改正，没收违法所得，并可以处以罚款。

例如，5·12 汶川大地震发生后，为了稳定灾区物价，四川省人民政府下发了《关于进一步加强价格监管保持市场物价稳定的紧急通知》(川府发电［2008］72 号)，启动了临时价格干预措施，决定对与抗震救灾工作密切相关的药品、医疗器械、医疗用品、日用品、建筑材料、燃料等商品的价格实行临时价格干预措施。这项措施在抗震救灾中得到了很好的运用，收到了较好的社会效果，对稳定受灾地区市场物价发挥了极其重要的作用。

第二部分

CPI——编制解读

17. 为什么要编制 CPI?

总体来说，编制 CPI 目的是了解全国各地价格变动的基本情况，分析研究价格变动对经济社会和居民生活的影响，满足各级政府制定政策和计划、进行宏观调控的需要，以及为国民经济核算提供科学依据。

在我国经济社会生活中，价格问题历来是各级政府关注的宏观经济问题和社会各界高度关注的重大民生问题。大体说来 CPI 主要有三个用途:

一是作为度量通货膨胀（通货紧缩）的一个经济指标，为国家宏观调控提供决策依据。通货膨胀（或紧缩）的特征表现之一就是物价水平的持续并普遍地上涨（或下降），这个物价水平的变动一般是通过 CPI 来描述。因此，CPI 是度量通货膨胀（或紧缩）的一个主要指标，也是我国进行宏观调控管理的重要参考依据。

2010 年政府工作报告中强调要处理好保持经济平稳较快发展、调整经济结构和管理好通胀预期的关系。既要保持足够的政策力度、巩固经济回升向好的势头，又要加快经济结构调整、推动经济发展方式转变取得实质性进展，还要管理好通胀预期、稳定物价总水平。所以说，CPI 是宏观经济分析、价格总水平监测以及制定货币政策、价格政策的重要参考依据。

二是用于国民经济核算。在 GDP 核算中，为剔除价格因素的影响，用居民消费价格指数中的类指数对现价指数进行缩减。

三是用于指数化的调整。居民消费价格指数通常用于对工资、租金、利息或税收之类的货币流量进行调整，也可用于对某些货币资产及负债的资本价值进行调整；用于实际消费和收入的计算。居民消费价格指数可用来缩减按现价计算的支出或货币收入，以衡量实际消费和实际收入情况，还用于计算住户消费支出的购买力平价。

18. CPI 调查的上报是什么时间？

按照目前国家统计调查制度规定，参与全国数据汇总的各调查市（县、区）在搜集整理代表规格品和服务项目价格资料后，于每个月月底前上报省（自治区、直辖市）调查总队，各调查总队将各调查市（县、区）的数据汇总后，于次月 6 日前上报国家统计局。

19. CPI 的报告周期是多长？

CPI 的报告周期分为月报和年报。月报反映一个地区一个月内物价运行情况。如：2008 年 7 月某地 CPI 环比指数为 100.0%，可以得出 6、7 月份物价总体水平没有发生变化。年报就是全年 12 个月月度汇总数据。在 CPI 调查工作中，年度数据是相当重要的，它是全年物价运行的综合反映。

20. 价格调查时遵循哪些原则?

俗话说:“没有规矩不成方圆”,CPI 调查也是一样的。全国按照国家统计局制定的居民消费价格统计调查制度开展工作。调查价格时规定:同一规格品的价格必须同质可比。这就好像你去购买电视机,不论你到国美电器商场或是去苏宁电器商场,还是去大型的百货超市,映入你眼帘的是很多种品牌的电视机。如果你只看外观尺寸的大小,很难进行各种品牌电视机之间价格的比较。因此要选择品牌一样,型号一样的商品进行价格调查,如果没有同一型号的,就要考虑选择性能大体一致、同是国产或进口等等因素,才能进行价格上的比较。其次是如果商品的挂牌价格与实际成交价格不一致,应调查采集实际成交价格。第三是要保证每月采价的次数。对于与居民生活密切相关、价格变动比较频繁的商品,至少每 5 天调查一次价格,一般性商品每月调查采集 2 –3 次价格。

21. 价格调查采取的调查方法有哪些?

居民消费价格调查,就是从成千上万种的商品和服务项目中按科学的抽样方法抽选出一部分进行调查，而不是用全部商品和服务项目。CPI 调查的方法可以从理论和实践两方面来说。从理论上来看，CPI 调查采取的是抽样调查和重点调查相结合的方法。它既克服了重点调查受主观因素确定调查对象的影响，又吸收了抽样调查采取随机抽样的优势。

从实际工作来看，价格调查的主要方法是：定人、定点、定时，直接对采价网点的代表规格品进行价格采集。在保证价格数据准确的前提下，也可以采取其他科学易行的方法调查。如聘请商家辅助调查员或联络员利用电脑采集价格直接上报或联网直报。

随着统计信息化程度的提高，调查手段的不断发展，今后 CPI 的调查方法也将逐步完善。现在已有部分城市利用手持数据采价器在市场上采价，当时采价即时报送，提高了数据的时效性和准确性。

22. 编制 CPI 的步骤有哪些？

谈到 CPI 的编制步骤，首先要介绍我国居民消费价格调查工作的管理体制。目前的统计管理体制是分级管理，国家统计局城市司负责全国居民消费价格调查工作方案的制定、调查商品和服务项目的确定、调查市县的抽选等工作，组织全国开展居民消费价格调查工作并编制全国 CPI；国家统计局在各省（自治区、直辖市）建立了直属调查总队，各调查总队负责本省（自治区、直辖市）的居民消费价格调查工作，按照国家制定的统一调查制度，开展居民消费价格数据的搜集、整理、上报和编制本省（自治区、直辖市）的CPI；各省（自治区）被抽中的市（县）调查队按照统一调查制度，抽选居民消费价格调查点（即采价点）开展居民消费价格的采集工作，编制本地CPI，每月上报各省（自治区）调查总队。各省（自治区、直辖市）调查总队审核汇总数据后上报国家统计局，编制出全国的CPI数据。

我国编制居民消费价格指数的商品和服务项目，根据全国城乡近13万户居民家庭消费支出构成资料和有关规定确定，包括食品、衣着、居住等八大类，262个基本分类。目前参加全国数据汇总的调查市县约500个，调查网点包括超市、菜市场、百货商场、医院、旅行社等约5万个。

CPI的编制流程：

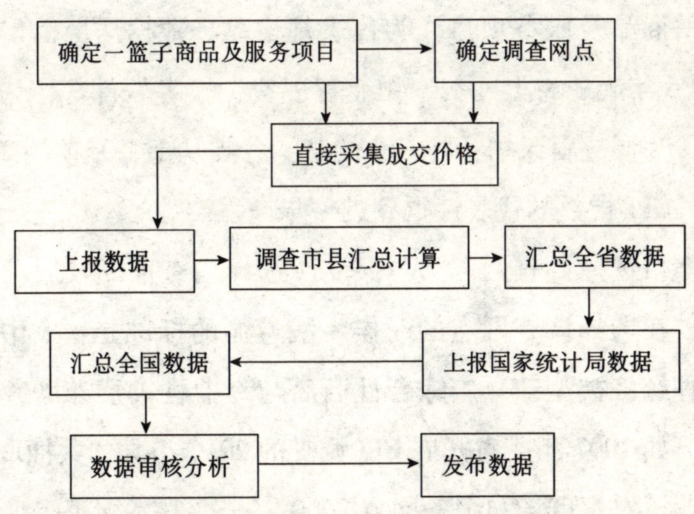

23. 保证价格调查数据准确需要哪些措施?

价格调查每一个步骤都是依据国家居民消费价格调查方案实施的，是科学、严谨的。而这一科学、严谨是如何体现的呢？可以从以下几个步骤来看：

一是科学确定调查商品及服务项目。在商品经济和科学技术日益发达的今天，市场上的商品和服务项目包罗万象、品种繁多。考虑时间和经济成本，不能也没有必要全部调查，而是根据需要确定将来一段时间内能够反映居民消费情况的商品和服务项目，在统计上称之为代表规格品。通常选择那些消费量较大、市场供应相对稳定且是合格的、合法的商品及服务项目作为代表规格品。根据居民消费支出的情况，从 2006 年起还将上网费、物业管理费、教育软件等作为新的调查项目列入 CPI 调查目录中，将 CPI 的基本分类从上一基期的 251 个增加到 262 个，CPI 指数的代表性得到进一步增强。

二是严格选择调查网点。为保证所选择调查商品及服务项目价格的代表性，在选择调查网点的时候一般遵循的标准是：大中小型商店兼顾，各种经济类型兼顾，综合性商店与专业性商店兼顾，各种商业业态兼顾。如 2007 年某省开展 CPI 调查的 20 个市县，共抽取各种类型的商业企业、农贸市场和服务网点 2000 多个，基本保证了所采集的商品、服务价格具有足够代表性。

三是合理设置权数。在 CPI 编制中，权数指的是城乡居民家庭某类商品或服务的开支在所有消费商品或服务总开支中所占的比重。由于物价指数是用一定数量的调查商品来反映市场价格总水平的变化，因此计算物价指数的时候必须确定每一种调查商品或服务项目价格对市场价格总水平影响的重要程度（即权数）。目前，确定权数的依据主要是城乡居民家庭收支抽样调查资料，并辅之以典型调查数据作为补充。

四是认真采集价格。按国家采价制度要求采价以定人、定时、定点的方式为主，以调查网点报送数据为辅，两者结合采集价格资料。一般来说，价格变动比较频繁的粮油、肉禽蛋菜、鲜果、水产品等食品价格每月要采价 6 次；烟酒、衣着、家电等工业消费品价格每月采价 2～3 次；教育、水电气、成品油等由国家或地方政府定价的商品、服务项目或价格相对稳定的商品，则每月采价 1～2 次。

五是加强数据质量审核。价格调查中在自查、互查、抽查后，还要分析调研市场物价的异常变动情况，数据审核无误后方可上报。

各市县调查员将市场上采集回来的各种价格逐一录入到计算机中，汇总数据后上报各省（自治区、直辖市）调查总队。省级对市县上报的 CPI 数据审核、评估、认定后，汇总出全省（自治区、直辖市）的 CPI。省级经过国家对各省（自治区、直辖市）上报的 CPI 数据审核、评估、认定后，就可以按照规定的程序对外发布。国家统计局在经过审核、评估、认定各省（自治区、直辖市）上报数据之后，汇总计算出全国 CPI，并在规定时间对外发布。

因此，总体上说，通过直接派员采价，经过市县、省、国家三级审核与评估，保证了数据质量。

24. CPI 调查的市（县）是怎样抽选出来的?

在开展 CPI 调查工作中，国家和省两级所抽选调查市（县）不是人为主观选定的，而是为满足计算全省（自治区、直辖市）价格指数的需要，由各省（自治区、直辖市）按照大中小兼顾以及地区分布合理原则，采用分层划类选择法抽选出来的，具有科学性和代表性。一般而言，省会城市和重点市县应被抽选为调查市县。

城市的抽选首先是将辖区内所有城市以年平均工资为标志从高到低排队；其次是将各个城市的常住人口数累计起来，按照抽样调查方法，根据需要的调查城市数量，再进行等距抽样。

县的抽选方法与抽选市（区）相同，首先也是将辖区内所有县以年人均纯收入为标志从高到低排队；其次是将各个县的人口数累计起来，按照城市抽选的同样方法，根据所需的调查城市数量，再进行等距抽样。

以四川省为例：按照居民消费价格调查市县抽样原则和步骤，国家统计局抽取的国家直属调查市（县、区）是成都市、自贡市、泸州市、广元市、乐山市、南充市以及温江区、叙永县、峨嵋山市、汉源县、平昌县。在国家直属调查市县区的基础上，四川省又扩大调查范围，增加了 19 个市（州）、县（区），从而保证了调查网点分布更加科学，对省级更具有代表性。

25. 采价点抽选的前期准备工作主要有哪些?

采价点的抽选，是 CPI 调查重要的基础性工作。为了抽选出具有代表性的采价点，在采价点抽选前，必须提前做好一些必要的准备工作。

首先要对当地的商业网点、农贸市场和服务网点的有关情况进行全面的了解和掌握，在确定采价点时，通过查询统计资料、工商税务登记、主管部门资料，对当地各种类型的商场（店）、农贸市场的分布、规模、结构、类型以及经营情况、零售额等指标进行调查了解，建立本地区零售企业和农贸市场经营网点基本情况台帐，并在此基础上建立总体样本抽样框。

其次是走访主要的商业企业、农贸市场和服务网点，对其地理位置、经营场所、客流量等进行观察，增加感性认识。

第三是分类划片，逐一筛选。在全面掌握当地商业企业、农贸市场和服务网点的基础上，对不同类型的商业网点进行分类划片，比如综合性商场、农贸市场、专业市场的分布情况等，对其进行逐一筛选，增强不同类型的采价点的区域代表性。

26. 采价点的抽选应遵循哪些原则？

抽选采价点，既要严格遵循国家调查方案，也要结合当地特点，从实际情况出发进行选择。抽选采价点的基本原则：

（1）地域性原则。在抽选采价点时，要坚持繁华地段为主兼顾地域分布合理的原则。繁华地段是商业企业集中地区，客流量大，购买力集中，商品的价格变动能够较好地反映整个地区价格水平的变动趋势。但一个城市的各城区之间，由于地理位置、居民消费水平的不同，在价格水平上也存在着一定的差异。因此，在抽选采价点时，也必须考虑地域分布的广泛性和合理性，各主要城区都应选择一些调查点，以确保价格的代表性。

（2）规模性原则。以大中型商业企业为主，兼顾其他。抽选采价点时要大、中、小兼顾，即以大中型商业企业为主，同时兼顾分散在各居民区的小型商店、超市。大中型商业企业经营的商品种类齐全，进货渠道稳定，信誉好，商品质量也有保证，其经营额在该地区社会消费品销售额中占有较大比重，这些企业在各个方面主导着该地区的市场，其商品价格具有较高的示范性和代表性。此外，这些企业在经营管理上也比较规范，企业的基础统计工作相对较好，调查采集商品价格资料比较容易。另一方面，与居民生活密切相关的油、盐、酱、醋等日常生活用品，居民购买频繁，而且很大一部分在一些小型商店或超市购买，其价格变动直接影响居民生活，因此，也应适当抽选部分这种类型的商店作为采价点。

（3）零售模式兼顾原则。即调查不同类别的商品价格，应选择不同商业零售模式的市场为采价点。近几年来，商品流通领域中，新的商业零售模式市场不断涌现，比如大型超市、连锁经营、专营店、专业市场（家电市场、建材市场、汽车市场等）等经营形式的出现和不断发展，某些类别的商品销售日趋集中，在选择这些类别商品的采价点时，要考虑其市场销售情况，抽选一定数量的连锁店及专营店作为价格调查采价点。

（4）数量保证原则。采价点数量的多少，对价格的准确性和代表性影响很大，数量多，调查价格的准确性必然高；相反，调查网点太少，价格的准确性就会受到影响。但调查点太多，又受调查力量的限制。在确定采价点的数量时，要在现有人员的基础上，最大限度地保证调查点数量，以确保调查点数量的代表性。特大城市和大城市应选择5个以上农贸市场和3个以上综合型超市作为价格调查点；中等城市应选择3个以上农贸市场和2个以上综合型超市作为价格调查点；小城市和县应选择2个以上农贸市场和1个以上综合型超市作为价格调查点。对于同一规格品，特大城市和大城市应选择3个以上价格调查点，中等城市应选择2个以上价格调查点。

此外，还要选取一定数量的辅助调查点，以便在原调查点失去代表性时能够及时替换。实际工作中，一些规格品等级复杂多变，如果某些代表规格品在不同调查点保持一致性比较困难，可采用适当选取相近代表规格品替代或适当增加代表规格品数量的方法解决。

（5）动态性原则。当前我国城市处于快速发展时期，城区规模逐步扩大，城市商业中心、商业网点不断发生变化。此外，商业经营形式也经常改变（一般性商场改为超市等）。为了确保采价点的代表性，要对采价点实行动态化管理，根据本地区市场实际变化情况，及时调整和更换。

27. 抽选采价点的步骤有哪些？

在实际工作中，CPI 采价点（商店、农贸市场等）的抽选主要有以下几步：

第一步：在抽选调查商店前，首先对当地各种类型商场（店）、超市、服务点、农贸市场的基本情况（经营品种、销售额等指标）的资料进行加工整理，建立总体样本抽样框，确保采价点选择工作的合理性、规范性和代表性。

第二步：确定抽选调查点的数量。将调查方案商品目录要求的规格品作大体归类，看哪些商品价格可以从农贸市场采集，哪些商品价格可以从商场、超市或商店采集，做到心中有数。抽选的调查商店、农贸市场数量，以能够涵盖居民消费价格调查的规格品及服务项目，且保证同一规格品价格至少要能从两个调查点采集到为准。一般各地的重点销售、服务网点都应该被选中。

第三步，对抽选的采价点进行适当的调整和补充。将抽选出的采价点，与当地城市建设的规划和商业网点的分布相比较，对部分代表性差、分布不合理的调查点进行调整和补充，保证抽选的采价点具有较强的代表性。

第四步，采价点选定以后，保持相对稳定，不得随意调换。每年底，各地都要根据商业销售网点和市场变化情况，对失去代表性的调查点进行调整和更换，以增强采价点的代表性。

此外，在抽选采价点时，还可请物价、商务、工商等相关部门参与和协作，共同选择采价点。利用物价、商务、工商局对商品价格以及商业流通领域的管理优势，保证选择的采价点分布合理、代表性强、接受调查和配合调查的程度高。

28. 怎样确定调查哪些商品和服务项目？

在日常生活中，城乡居民消费的商品和服务项目包罗万象、品种繁多、变化多样。说包罗万象是指人们的消费内容广。比如说生病了，就要去医院接受医疗服务，如果要外出就餐，就要去餐馆。说品种繁多是指人们日常消费的商品和服务项目太多了，数不胜数。比如说人们穿的袜子，其品种就多种多样，有男袜女袜、有长袜短袜、有棉袜化纤袜等等。说变化多样是指各种商品和服务项目的价格及销售情况变化不一，有涨的有降的，有在市场上销售长盛不衰的、有在市场上出现了几年后就销声匿迹的。

因此，本着“抓矛盾主要方面”、“少花钱多办事”的原则，为了及时准确地编制出 CPI，就要在成千上万种的商品和服务项目中选出一部分用来编制 CPI。也就是说，CPI 不是用全部商品和服务项目编制的，而是用部分重要的商品和服务项目来编制的。

既然是用部分重要的商品和服务项目编制 CPI，那么怎样选择用于编制 CPI 的商品和服务项目呢？简而言之，就是要选择同类商品中“消费量大、质量好、货源稳”的具体商品，其价格走势才会有代表性。如果选择过时、频于淘汰、没有需求量或消费量极少的产品，厂家也不会再生产，其价格代表性弱就不能选用。

在实际工作中，用于编制 CPI 的商品和服务项目是不是主观随意确定的呢？答案是否定的。选取 CPI 调查的代表规格品要遵循一定的原则。

首先要选择在当地消费量大的商品；其次要注重价格变动趋势和变动程度有较强的代表性，即选中规格品与未选中规格品的价格变动特征愈相关愈好；还要选择同一基本分类的规格品之间，性质差异愈大愈好，价格变动特征的相关性愈低愈好；选中的规格品应具有较好的销售前景，工业消费品必须是合格产品，产品包装上应有注册商标、产地、规格等级等标识，不合格品不能选为调查代表规格品。每一个基本分类的代表规格品的选择数量，原则上不能少于制度规定的最低标准，可根据当地的实际情况适当增减；代表规格品一经确定，原则上一年内不能更改。为保证代表规格品的唯一性，选择代表规格品时要详细描述代表规格品的名称、品牌、产地、规格等级、货号等特征。需要说明的是，对失去代表性的商品和服务项目每年要进行一次调整、补充。

各地按照国家统计局制定的《流通和消费价格统计调查方案》中规定的居民消费价格调查项目目录，结合当地实际，对所选择的调查代表规格品进行调整和补充。

29. 市县级权数是如何确定的?

市县级权数的确定，主要是根据城乡居民家庭住户调查的各类消费金额构成资料，整理计算每一种商品或服务项目在居民所有消费商品和服务项目总支出中所占的比重，同时辅以典型调查和专家评估，补充、完善市县级权数。

在 CPI 实际调查中，根据市县的不同情况和调查统计的不同范围，所确定的市县级权数也有一定的差别。市级权数根据城市居民家庭生活消费支出中食品、衣着、居住、家庭设备用品及服务、医疗保健、交通和通信、教育文化娱乐服务、其他商品和服务项目八个大类的调查资料整理计算；县级权数根据城镇居民家庭生活消费支出调查资料和农村居民家庭生活消费现金支出资料加权整理计算。

30. CPI 包括哪些主要调查内容?

CPI 调查是经济社会统计调查工作中的一个重要组成部分，主要任务是运用科学的统计调查方法，系统地调查、搜集和整理主要商品、服务项目的价格及消费额资料，编制居民消费价格指数。目前，在国家统计局制定的调查方案中，CPI 的调查内容按用途划分为 8 个大类，包括食品、烟酒、衣着、家庭设备用品及维修服务、医疗保健和个人用品、交通和通信、娱乐教育文化用品及服务、居住。根据全国城乡13 万户居民家庭消费支出调查资料中的项目以及居民消费习惯，又具体确定了 262 个基本分类。按照国家统计调查制度规定，全国各个省（自治区、直辖市）CPI 调查的大、中、小类是统一的，但各个省（自治区、直辖市）结合自身实际，选择商品和服务项目的代表规格品不尽相同，有所差异。

262个基本分类 ⟹ 8大类别

31. 食品类主要包括哪些商品（服务）？

食品是我国 CPI 调查中 8 个大类之一，在现行的 CPI 调查中，食品大类包括了 16 个中类，其内容包括：粮食、淀粉、干豆类及豆制品、油脂、肉禽及其制品、蛋、水产品、菜、调味品、糖、茶及饮料、干鲜瓜果、糕点饼干、液体乳及乳制品、在外用膳食品、其他食品。

32. 医疗保健和个人用品类主要包括哪些商品（服务）?

现行的CPI调查中，医疗保健和个人用品类主要包括：医疗保健、个人用品及服务两个中类。具体包括医疗器具及用品、中药材及中成药、西药、保健器具及用品、医疗保健服务、化妆美容用品、清洁化妆用品、个人饰品、个人服务。假如你到医院去看医生，其产生的挂号费、注射费、检查费、手术费、住院费、理疗费、化验费等医疗服务项目也属于CPI调查范围；个人服务项目更具体了，美容、理（烫）发、洗浴等都属于CPI的调查项目。

33. 交通和通信类主要包括哪些商品（服务）?

现行的CPI调查中，交通和通信类主要包括：交通工具、车用燃料及零配件、车辆使用及维修费、市区公共交通费、城市间交通费、通信工具、通信服务。在交通和通信类，大到几万、几十万的轿车购置费用，小到停车费、车辆修理服务费、洗车费价格的变化等，也都包含在CPI的调查项目中。

34. 娱乐教育文化用品及服务类主要包括哪些商品（服务）？

现行的 CPI 调查中，娱乐教育文化用品及服务类主要包括：文娱用耐用消费品及服务、教育、文化娱乐类、旅游四个中类。具体来说，既包括电视机、激光视盘机、摄像机、电脑、乐器等高档耐用消费品，又包括中高等教育的学杂费、专业技能培训的学费、托幼费、纸张钢笔等文具、书报、杂志、电影票、景点门票、有线电视初装费、旅行社收费服务等项目。

35. 居住类主要包括哪些商品（服务）？

现行的 CPI 调查中，居住类主要包括：建房及装修材料、住房租金、自有住房、水电燃料。其中建房及装修材料主要包括木材、砖、水泥、涂料、玻璃等修建和装修房屋的材料；租房包括公有房屋、私有房屋租用费等；自有住房包括住房估算租金、物业管理费、维护修理费等；水电和燃料包括水电费、液化气、管道天然气或煤气等。

36. 价格调查的采价员是如何选聘的？

在开展 CPI 调查工作中，采价员一般由从事消费价格调查统计的调查员担任。但在实际工作中，随着新增调查网点的扩大，采价任务的不断增加，各地除从事 CPI 调查的工作人员担任采价员外，还要聘请部分商场的业务人员，以及向社会招聘部分采价人员。当然，统计调查部门招聘采价员，虽然不像招考国家公务员那样严格，但还是要有一定的条件。一般来说，采价员须具备以下条件：

①具有一定的文化程度，有职业道德和责任心；

②有一定的产品专业知识，具有对外交流和沟通能力；

③能按照价格调查的方法制度要求，深入价格调查点进行全面直接采价调查，采准商品实际成交价格，并达到采价次数，如实登记，不弄虚作假；

④完成所承担的价格调查点价格信息的采集、整理、录入、审核、汇总工作，确保价格信息的源头数据质量。

37. 主要商品和服务项目的价格是怎样采集的？

面对几千种代表商品和服务项目的价格，怎样才能采集到价格资料呢？这要归功于专门从事采价工作的采价员。在日常生活中，当你在商场超市购物时，也许你会看到我们的采价员虽然不购物，但不厌其烦地询问各种商品的价格；当你在农贸市场挑选蔬菜时，也许你会发现我们的采价员在嘈杂人群里，一边询问、一边记录着各种蔬菜价格。可能有的人要问，有的商品特别象蔬菜那样的商品，在不同时段价格差异很大，怎样才能保证商品价格的可比呢？这一点在价格调查中有个“三定”原则，即（定人、定点、定时），也就是要求采价员必须在固定的时间段内，对调查采价点内确定的调查商品或服务项目价格进行直接调查，调查人员在一段时间内必须是固定，不能随意更换。对价格变动不频繁的商品和服务项目，如汽车、邮资、物管、报刊、医疗等每月采价 1 次；对于烟酒、家电、服装等一般性调查商品和服务项目每月要采价 2－3 次；与居民生活密切相关、价格变动比较频繁的主副食品价格，如蔬菜、肉、禽、水果，每 5 天采集一次价格，即每个月采价 6 次。而且采集的价格必须是成交价，对于鲜活商品不能取早上的高价和晚上的低价，必须选择固定时间采集的价格，以便准确反映各种商品价格变动的情况。

38. CPI 编制采用什么计算公式？

这里首先介绍价格统计中涉及的两个主要公式，即拉氏公式和帕氏公式。通俗地讲，拉氏公式是在编制数量指标综合指数或质量指标综合指数时，所加入的同度量因素是固定在基期的水平上，该公式由德国学者拉斯贝尔斯（Laspeyres）于1864年首创，因此被称为拉氏公式；帕氏公式是在编制数量指标综合指数或质量指标综合指数时，所加入的同度量因素是固定的报告期的水平上，该公式由德国学者帕舍（Paasche）于1874年首先提出，因此被称为帕氏公式。

两者的区别在于，拉氏公式的特点是将同度量因素固定在基期，而帕氏公式的特点是将同度量因素固定在报告期。事实上，在综合指数公式中，同度量因素不仅起着综合的作用，而且起着权衡轻重的作用。对于同一资料，采用基期数值作为同度量因素或是采用报告期数值作为同度量因素，其计算结果是不一样的。按照国家统计局统计调查制度的规定，在计算CPI时采用拉氏公式。

39. 代表规格品的平均价格是怎样计算出来的？

代表规格品的月度平均价格采用简单算术平均法计算，首先计算规格品在一个采价点的平均价格，再根据各个采价点的平均价格计算出代表规格品的月度平均价。

$$P_i = \frac{1}{m}\sum_{j=1}^{m}\left(\frac{1}{n}\sum_{k=1}^{n}P_{ijk}\right) = \frac{1}{m}\sum_{j=1}^{m}P_{ij}$$

其中：P_{ijk}为第i个规格品在第j个价格调查点的第k次调查的价格；

P_{ij}为第i个规格品第j个调查点的月度平均价格；

m为调查点的个数，n为调查次数。

40. CPI的个体指数是如何计算的？

有了代表规格品的平均价格，就要在此基础上，计算 CPI 的个体指数。现行 CPI 调查制度的“个体指数”与一般意义的个体指数有一点不一样：一般意义的个体指数即指某一种商品价格变动的相对数，而现行 CPI 调查制度的“个体指数”特指其基本分类的价格指数。分两步计算：

第一步，首先要计算代表规格品的价格变动相对数。

每个月的下旬，各市（县、区）调查统计人员根据在市场上采集的各调查规格品价格，计算出每种规格品当月的平均价格，作为报告期价格，与上月各种调查规格品的平均价格（即基期价格）相对比，得到代表规格品的环比价格变动相对数。计算公式如下：

$$G_{ti} = P_{ti}/P_{(t-1)i} \times 100\%$$

G_{ti}为第 i 个代表规格品在报告期（t）价格与上期（$t-1$）价格对比的相对数。

第二步，将同一基本分类下几个代表规格品的价格变动相对数，用几何平均法，计算基本分类指数（即这里所谓的个体指数）。

根据所属代表规格品变动相对数，采用几何平均法计算各基本分类指数的月环比指数，计算公式为：

$$K_i = \sqrt[n]{G_{t1} \times G_{t2} \times \cdots\cdots \times G_{tn}} \times 100\%$$

其中：

G_{t1}、G_{t2}、……、G_{tn}分别为第 1 个至第 n 个规格品在第 t 期与上期价格对比的相对数。

41. 八大类和总指数是怎样计算出来的？

通过上述两步计算，得到各基本分类指数以后，再由基本分类指数依次加权计算，就可以轻松计算出 CPI 的八大类和总指数了。

各类指数和总指数的计算采用链式拉氏公式，逐级加权平均计算：

$$L_t = L_{t-1} \times \frac{\sum P_t Q_0}{\sum p_{t-1} Q_0}$$

其中：t：报告期

$t-1$：报告期的上一时期

L：定基指数

P_tQ_0：固定篮子商品和服务的金额

$$P_tQ_0 = P_{t-1}Q_0 \times K_i$$

K_i：各类的月环比指数

实际工作中，平均价格、代表规格品指数、基本分类指数、各小类中类指数和八大类指数以及 CPI 总指数的计算过程，全部由计算机完成，调查员负责将各调查点采集的规格品价格资料审核录入计算程序后，就可以得到计算结果。

42. CPI 涨跌构成是如何计算的?

涨跌构成即指每种商品价格变动对类指数的影响程度，每类商品价格变动对总指数的影响程度，它是分析研究物价类指数和总指数升降原因的指标。

类指数的涨跌构成 $=\sum$ 单项商品的涨跌率 × 权数 ÷1000

总指数的涨跌构成 $=\sum$ 类指数的涨跌率 × 权数 ÷1000

以鞋类指数为例，已知鞋类商品以上年同期为 100 的指数是 101.7%。其中，男鞋、女鞋、童鞋三种商品的权数分别为 550、200、250，价格指数分别为 104.0%、100.0%、98.0%，则该类商品价格的涨跌构成是:

男鞋为:(104.0% −100%)×550 ÷1000 =2.2%

女鞋为:(100.0% −100%)×200 ÷1000 =0

童鞋为:(98.0% −100%) ×250 ÷1000 = −0.5%

以上三类商品涨跌构成之和，即为(2.2% +0.0 −0.5%) =1.7%。

也就是说，鞋类商品的价格比上年同期上涨 1.7%，是由男鞋价格上涨 4.0%，影响类指数上升 2.2 个百分点；女鞋持平，对类指数无影响；童鞋价格下跌 2%，影响类指数下降 0.5 个百分点所构成。

43. 为什么要调整采价点？

在实际工作中，如果原来的采价点改变经营范围、关门歇业等情况，就不能继续作为采价点了，就需要调整采价点。要按照抽样调查的方法，从原有的抽样框中，根据可比性的原则，重新抽选采价点，以保持整个调查工作的连续性。

44. 为什么要定期调整代表规格品？

也许人们还记得改革开放以前，当时的“三转一响”即手表、自行车、缝纫机和收音机就是引领时尚的奢侈品。随着社会的不断发展，产品换代日益加快，当年的“三转一响”已经成为历史的记忆。因此，为了真实反映物价的变动程度和水平，CPI 调查中的代表规格品也要随着社会的进步和人民生活水平的提高而不断调整。近年来，在国家的 CPI 调查制度中，新增了轿车、数码相机、物业管理费等商品和服务项目。对于代表性减弱的调查规格品，在年末要及时进行调整，使价格指数能够更真实地反映各个时期价格水平变动，准确地反映价格走势。

目前，优化代表规格品和服务项目，已经成为在 CPI 调查工作中的一项日常工作。每年年底要根据市场变化，在认真搞好调查研究的基础上，做好调查网点和代表规格品的调整、更换工作，使调查网点布局更合理，代表规格品更具有代表性。

第三部分

CPI——实用解读

45. 我国 CPI 调查工作发展历史

我国的 CPI 调查工作，是随着我国统计事业的建立和发展而发展起来的。旧中国物价统计工作基础薄弱，新中国成立后，物价统计的范围从少到多，统计调查方法制度逐渐规范起来。我国物价统计工作的发展过程可概括为几个阶段：

建国初期，物价指数的编制工作是由商业、银行、劳动、统计等多个部门按各自的需要搜集价格资料，编制物价指数，没有统一的制度和方法。

1953 年，国家统计系统用加权算术平均公式编制部分大城市的职工生活费用价格指数。随后逐步增编了农副产品收购价格指数、集市贸易价格指数等。

1956 年，国家统计系统开展了包括北京、天津、上海、重庆等城市在内的 29 个大城市的零售物价指数月报工作，并用统一方法补编了各个城市自 1951 年以来的历年零售物价指数，同时根据各城市的指数汇总编制了全国城市零售物价指数，根据各县的指数汇总编制了全国农村零售物价指数。

1957 年开始，国家统计系统承担了全国物价统计调查工作，其他部门不再编制各种物价指数。

1979 年，根据市场物价出现的新情况，修订了物价统计报表制度。一是在编制零售物价指数的同时，增编了服务项目价格指数和城市农副产品市场价格指数，并用城市消费品零售价格指数和服务项目价格指数汇编职工生活费用价格指数；二是增编了包括牌价、议价和市价的全社会零售物价总指数；三是改用全省和全国平均价格来计算农产品与工业品的单项商品比价。

随着经济体制改革不断深入，市场商品价格的逐步放开，为了及时掌握市场价格的变化情况，国家统计局对价格统计制度进行了改革。

1983 年，国家统计局正式组建城市社会经济调查总队，负责物价调查工作，从那时起我国的价格统计工作从采价方式、权数来源、到编制范围和频率都发生了根本性变化。首先，改变了价格资料的收集方法，由专职调查人员直接到市场采集价格资料。此前，是由商业、供销等部门提供的统计报表形式来搜集价格资料。其次，统一了商品目录，以便全国地区间有一个统一比较的标准。第三，改变了权数资料的来源。明确了各地编制职工生活费用价格指数所用的权数，必须采用城镇居民家庭收支调查中的消费支出的资料，并参考商品流转资料确定。第四，采用全社会综合平均价计算指数。第五，缩短价格指数的编制周期，将价格指数按季编制改为按月编制。

1994 年，我国物价调查进行了一次力度较大的方法制度改革，实施新的价格统计报表制度方法。改革的内容主要有：一是开始分编消费领域的居民消费价格指数和流通领域的商品零售价格指数，分别拥有独立的商品目录、分类和权数。二是省级和全国价格指数汇总由价格法改为指数法。三是年度价格指数根据 1 至 12 月指数简单平均计算。四是将农业生产资料从商品零售指数中分离出来，单独编制农业生产资料价格指数。

2001 年，对居民消费价格指数的编制方法又进行了重大修改。修改的内容：

（1）采用新的计算公式。将现行年距和月距环比加权算术平均公式改为国际通行的链式拉氏贝尔公式，使价格指数能更真实地反映各个时期总体价格水平波动中的纯价格变动，准确解释价格走势。同时，还可以解决长期以来月距环比指数与年距环比指数难以实现逻辑检验的矛盾。

（2）增加新的商品和新的服务项目。随着我国市场经济的不断完善，居民消费领域进一步拓宽，汽车、移动电话、物业管理费、自有住房需交纳的费用、教育费用等在居民家庭消费支出中的比重愈来愈大。为了及时反映价格水平变化状况，计算居民消费价格指数和商品零售价格指数的代表规格品需要不断更新。修改后计算居民消费价格指数的调查商品和服务项目数量由 325 种增加到 550 种左右（大中城市超过 600 种），计算商品零售价格指数的代表规格品由 304 种增加到 530 种左右。

（3）固定基期。将每月变动对比基期改为固定对比基期，居民消费价格首轮对比基期定为 2000 年。以后每 5 年更换一次。

（4）增加新的价格指数系列。除保留月环比价格指数、月同比价格指数、累计平均价格指数外，增加了固定基期的价格指数以及以上年 12 月为对比基期的价格指数。根据需要，还可以计算任意对比基期的各种价格指数。

（5）指数编制技术的重大改进，使指数编制科学性和数据准确性有了进一步提高，可以进一步满足各方面对价格指数精度的要求。

2006 年，经国务院第 65 次常务会议批准，在全国 90 个城市开始编制生活费用指数。

2008 年，国家统计局启动统计应急机制，在全国 50 个大中城市开展鲜活食品价格监测制度，为国家调控物价，监测通胀起到了重要作用。

2009 年，国家统计局在全国部分城市，推广使用电子采集器采集价格，从而把流通消费价格采集工作推到崭新阶段。

到目前为此，我国居民消费价格调查体系已日趋完善。

46. 我国目前编制的价格指数主要有哪些？

我国的CPI编制由国家统计局负责。从我国现行的统计调查制度来看，目前编制的价格指数主要有：居民消费价格指数（CPI）、商品零售价格指数（RPI）、农业生产资料价格指数（AMPI）、工业生产者价格指数（PPI）、原材料、燃料、动力购进价格指数、固定资产投资价格指数、房地产价格指数、农产品生产格指数等。此外，还有部分行业结合实际，编制了其他价格指数。如：海关编制了进出口价格指数。

47. CPI和GDP有什么关系？

CPI反映消费价格变化情况，是一个相对数。GDP反映国民经济生产总量，是一个绝对数。CPI的变动反映经济运行过程中物价变动情况，是观察通货膨胀程度的重要指标，GDP的变化则反映经济的增长情况。经济增长与通货膨胀的关系存在以下四种情形：高增长低通胀，高增长高通胀，低增长低通胀，低增长高通胀。

高增长低通胀。主要特征是GDP高速增长和CPI的低位稳定并存，表明宏观经济处于良性运行的轨道，这是一个社会追求的最重要的经济目标。

高增长高通胀。主要特征是GDP的高速增长与CPI高位运行并存。由于经济高速增长，国民收入大幅增加，社会需求增长较快，在这种情况下，容易拉动价格上涨从而引发通货膨胀。此时，由于经济高速运行，所以即使通胀压力较大，整个社会压力也不是很大。但如果分配不公，会引发一系列社会问题。

低增长低通胀。主要特征是GDP增长较慢甚至出现负增长的同时CPI也处于低位运行状态。一般情况下，经济增长缓慢，则国民收入增长缓慢，社会需求减少，从而使得产品价格下降，CPI降低。促进经济增长成为整个社会的首要目标，政府会采取扩张性的政策来刺激经济的增长。

低增长高通胀。即经济停滞通货膨胀，俗称“滞胀”。主要特征就是GDP增长比较缓慢甚至出现负增长的情况，但同时物价上升加快，通货膨胀率一般超过5%甚至更高。滞胀要比单纯的通胀更可怕，对一个社会的破坏性更大。

48. 如何正确使用价格指数?

从我国目前实施统计调查体系来看，已经形成一套比较完整的从生产、建设领域到流通、消费领域的价格指数体系。在经济社会生活中，如何正确使用和看待价格指数呢?

一是要了解不同价格指数的涵义及其区别和联系，明确各种价格指数的适用范围。任何一种价格指数只是反映某些环节、某些领域的某类商品或服务的价格变动情况，具有明确的适用范围。不能指望有一种价格指数能反映经济生活方方面面的价格变动。因此，在实际运用中应根据不同的目的，有针对性地选择合适的价格指数，而不能不顾价格指数的口径和适用范围而随意进行引用和比较，以免造成结论性错误。如原材料、燃料、动力购进价格指数，固定资产投资价格指数反映的是对产品生产投入方面的价格变化情况，不能反映进入流通领域产品的价格变化情况。

二是要正确认识价格指数是一个相对数。价格指数反映的是当前价格水平相对于过去某个时期价格水平的变化情况。如价格指数为102.5%，表示本期价格比上期价格上涨2.5%。不同对比时期的价格指数用处是不同的，环比指数是以上月为基期的价格指数，主要反映短期内的价格变动，由于容易被一些突发性事件、季节性和节假日等非市场性因素干扰，观察环比指数时，不能直接用某些月份环比指数的变化对价格形势进行判断；同比指数是以上年同期为基期的价格指数，基本上不受季节性因素的影响，可以较好地反映同期价格变动情况，但同比指数受上年基数的影响。

三是要正确认识价格指数是一个平均数。在使用价格指数时，既要看价格总水平的变化，也要看其内部不同分类的价格变动。如2007年CPI的快速上涨，主要是因为食品类价格上涨，而其他类价格变动相对不是很大。而食品类中价格上涨又主要是由于粮食、油脂、肉类价格上涨所致。

总的来说，要对价格形势进行全面、准确的判断，必须综合考察不同环节、不同领域的价格指数，并观察它们不同基期的价格和结构的变动，从国际和国内经济形势、市场供求关系、政策效应等多方面进行科学的分析。

49. 物价的上涨有哪些影响？

物价的上涨对经济社会的影响是多方面的，主要体现在以下几个方面：

一是对居民家庭生活的影响。CPI 调查的范围基本涵盖了老百姓的衣食住行用，价格高低变化与老百姓的生活水平息息相关，特别是其中的食品类、衣着类。价格上涨会使老百姓的实际购买力下降，会直接或间接影响老百姓的生活水平和生活质量。特别是粮、油、肉、蛋等生活必需品价格大幅度上涨，使低收入居民的食品消费在总支出中比重加大，会给低收入居民生活带来较大压力。

二是对企业的影响。从生产角度来看，物价的上涨会增加生产成本，若产品不提价，则企业利润会减少，进而影响职工收入水平。另一方面，职工作为消费者，购买力下降易导致商品销售不畅，从而企业资金流通不顺，融资成本增加，造成企业间债务增加，减少生产，甚至出现企业倒闭、破产、工人失业等情况；若企业为了保持利润水平而对产品售价相应地提高，则会引起工业品价格上涨，并带动使用该产品的其他行业的价格升高，最终拉动消费品价格上涨。

三是对国家宏观政策的影响。价格上涨会导致货币贬值，引起通货膨胀。国家会对宏观经济政策进行调整。如国家调整财政税收政策和货币政策等。

四是对股市的影响。俗话说“通胀无牛市”，在通胀环境下，政府往往采取紧缩政策，控制货币发行，放缓经济增长速度，因而极易造成股价下跌，股指下滑。

同时也要看到，适当的价格上涨能促进企业的技术创新和扩大再生产，也能使企业和行业间获取的利润达到相对平衡，保持经济稳定发展。

50. 物价的下降有哪些影响?

价廉物美，这是现实生活中人人都希望的。事实上物价下降，在一定程度上对居民生活确实有好处，因为居民用同样的货币能买到更多的东西。那么是不是物价越低越好呢？答案是否定的。从长远的经济发展来看，物价的持续下降不仅会严重影响投资者的信心和居民的消费心理，影响生产和投资，导致恶性的价格竞争，从而使企业利润减少甚至亏损，继而减少生产或停产，增加失业，减少居民收入，加剧总需求不足，出现恶性循环。

从中外历史上看，过度的通货紧缩，会导致物价总水平长时间、大范围下降，市场银根趋紧，货币流通速度减慢，市场销售不振，影响企业生产和投资的积极性，强化了居民“买涨不买落”心理，造成了企业的“惜投”和居民的“惜购”，大量的资金闲置局面，从而限制了社会需求的有效增长，最终导致经济增长乏力，经济增长率下降，对经济的长远发展和人民群众的长远利益不利，造成国家经济的停滞不前甚至衰退。

51. CPI 是不是越低越好？

中国目前经济正处在高速增长和经济结构快速转换的时期，较低的CPI并不利于经济的增长。如果为了稳定物价、控制CPI的增长，而长期采取紧缩的政策，往往会造成价格扭曲，而且紧缩政策在实际操作中容易形成“一刀切”，容易对中小企业的生产积极性产生较大的负面影响，也会对社会总供给产生抑制的作用，所以说CPI并不是越低越好。如果CPI为负数，形成通货紧缩，对经济增长的负面作用甚至大于通货膨胀。这是因为价格持续走低会使企业效益下降、产品积压上升，从而造成就业机会减少、居民收入下降、市场消费不足，进而使整个国民经济体系陷入一种互相牵制的恶性循环中。而当温和的通货紧缩发展成危害性通货紧缩后，通常也意味着经济将出现衰退。

52. 为什么说 CPI 最能反映物价对人民生活的影响程度？

CPI是反映一定时期居民所购买的生活消费品价格和获得服务项目价格变动趋势和程度的一种相对数，它可以观察居民生活消费品及服务项目价格的变动对居民生活的影响。因此，可以说，在所有的价格指数中，CPI 最能直接反映物价对人民生活的影响程度。其体现在两个方面：

一是借助 CPI 可真实反映居民的实际可支配收入水平。在现实生活中，很多人知道物价上涨了，同样的货币量购买的商品和服务项目减少了，感到可支配的收入在减少。但到底下降多少呢？我们以某市的数据为例：2007 年，某市城镇居民可支配收入 14849.23 元，比上年增长 16.1%。如扣除 CPI 上涨影响后，实际只增长 10.4%，但从 2002 年来看，城镇居民可支配收入 8971.91 元，比上年增长 10.4%。扣除 CPI 上涨影响后，实际增长 11.9%。这就说明居民可支配收入的增长速度直接受到 CPI 涨跌的影响。

某地 CPI 与居民可支配收入对比表

单位：%

年份	CPI	可支配收入（元）	增长率	扣除 CPI 影响实际增长率
2000	100.2	7649.09	7.8	7.6
2001	100.8	8128.39	6.3	5.5
2002	98.7	8971.91	10.4	11.9
2003	102.1	9641.00	7.5	5.3
2004	103.9	10394.10	7.8	3.8
2005	102.3	11358.81	9.3	6.8
2006	101.8	12789.44	12.6	10.6
2007	105.2	14849.23	16.1	10.4

二是借助 CPI 可反映居民的实际消费支出水平。CPI 上升，意味着货币购买力下降，货币贬值；反之，CPI 下降，意味着货币购买力上

升，货币增值。例如：2007 年某地居民消费价格指数是 105.9%，则其倒数就是当年货币购买力指数 94.4%，也就是说，在消费结构不变的情况下，2007 年每一百元消费只相当于上年的 94.4 元，币值降低了 5.6%。

53. 计算居民收入如何扣除物价因素影响？

近年来，大家从新闻媒体上常听到或看到城镇居民收入名义增长和扣除价格后的实际增长的说法，那么“名义增长”和“扣除价格后的实际增长”是怎么回事呢，又是如何计算的呢？我们可以通过下面的公式说明：

$$\text{居民收入的实际增长率} = \left(\left(\text{居民可支配收入增长率} + 100\right) \div \text{居民消费价格同比指数} - 1\right) \times 100\%$$

$$\text{居民实际收入水平（扣除物价因素影响）} = \text{居民可支配收入} \div \text{居民消费价格同比指数}$$

如某地城镇居民可支配收入 14849.23 万元，比上年增长 16.1%，居民消费价格同比指数 CPI 为 105.2。居民可支配收入的实际增长率和居民实际收入水平计算如下：

$$\begin{aligned}\text{居民收入的实际增长率} &= ((16.1\% + 100) \div 105.2\% - 1) \times 100\% \\ &= 10.4\%\end{aligned}$$

$$\text{居民实际收入水平} = 14849.23 \div 105.2\% = 14115.24\ \text{（元）}$$

54. CPI 数据为什么有时与公众的感受不一致?

大蒜十几元一斤了，CPI 怎么才 3.3%？

不同的人群对物价的感受是不一样的，不同的消费结构群体对物价的感受也是不一样的，不同地区的物价涨幅不一样，大家对物价的感受也是不一样的。

原因一：CPI 是一个平均的综合指标，它反映的是众多的消费品和服务项目的价格变动程度，而老百姓对物价上涨的感受往往是对单一商品价格变化的感受，而且时点性特别强。比如大蒜价格暴涨，老百姓感受特别深，但消费者可能只感受到大蒜涨很多，而忽略了猪肉价格低于去年同期，且其他蔬菜价格也没像大蒜一样疯涨。另外商品涨价的时间对物价指数的影响也特别大。月初涨价和中旬、下旬涨价对指数的影响是不一样的，通常月末涨价对当月的 CPI 影响是不大的，老百姓有时候只看到月末涨价了，却没有看到当月大多数时间价格没有变化，因而出现 CPI 和老百姓的感受偏差。

原因二：CPI 度量的是一篮子有代表性的商品和服务项目的价格变化情况，我国居民消费价格的调查内容分为食品、居住等八大类。各种商品和服务项目的权数（在 CPI 总体中的重要程度）对分类指数、总指数的影响程度不同。而权数的确定是一个地方总体消费结构所决定的，和个人的消费结构可能很不一致，因此造成一种商品价格的涨跌对 CPI 的影响是固定的，但对个人的影响不同，因而感受也不同。

原因三：一般来说，普通居民关注的是“吃穿用住行”等与日常生活紧密相关的商品和服务项目。而居民消费价格调查的范围更加广泛，涵盖的商品及服务更加全面。CPI 是一个加权计算后的综合平均数，其中既包含有上涨的品种，也包括了下跌的品种，如果居民用具体上涨的商品或服务项目的价格与公布的居民消费价格总水平相比，就会觉得 CPI 低估了。

原因四：CPI 涵盖了全国城乡居民消费的商品和服务项目，但对某一个人或某一群体来说，可能其中的部分商品（服务）并不是经常性的消费项目，对价格的涨跌自然感受不深。但对另外一个人或另外一个群体来说，这些商品（服务）却是经常性的消费项目，对价格的涨跌感受很强烈。

原因五：对比基期的差异。普通居民感受价格变化，对比的基期可能是3、5年前，甚至是10年前。而CPI主要公布的是同比、环比指数，对比期分别为上年、上月。如果把居民消费价格放在比较长的时间内观察，价格涨幅是比较明显的。

原因六：个人承受能力的差异。随着居民收入差距的扩大，不同收入阶层的人对物价上涨的承受能力也有较大差异。低收入家庭的支出大部分集中在食品和水电气等生活必需品上，而当食品类、居住类价格涨幅较高时，低收入家庭会感到物价高涨，生活压力增加。对高收入人群来说，食品支出占总支出的比重小，而他们购买的轿车、手机、电脑、液晶电视等价格又多为降价趋势，因而对价格上涨就没有那么敏感，承受能力也更强。

原因七：绝对价格与价格指数的差异。价格指数是反映价格变动的相对数，指数涨幅高并不意味绝对价格也高。比如说成都的猪肉价格每千克由10元涨至20元，涨幅是100%；北京的猪肉价格每千克由15元涨至20元，涨幅是33.3%。虽然成都的猪肉价格涨幅远高于北京，但绝对价格是一样的。

原因八：即时与滞后的差异。居民对价格变化的比较是即时的，而物价指数是一个滞后的统计指标，是事后反映，它对经济和市场价格的反映客观上存在一个滞后期。如 8 月 11 日发布的是 7 月份的 CPI 数据，但公众感受更多的可能是 8 月 11 日前后几天的市场价格。

客观地讲，当前 CPI 统计工作还有一些需要改进和完善的方面，但目前统计调查部门定期编制和发布的 CPI，基本反映了全社会居民家庭购买的消费商品和服务项目价格总水平的变动情况。CPI 和人们的实际感受有出入，这与人们不了解 CPI 的具体编制过程、对比口径、对比基期差异和各自的收入水平不同等因素有直接关系。

55. CPI 为什么没有直接包括购房价格？

在编制 CPI 时，对自有住房的处理几乎是所有国家面临的问题，目前，国际统计界仍没有一个明确可荐的做法。归纳各国采用的方法，大致分为三种：使用法、支付法及购置法。

我国之所以没有将商品房价格直接纳入 CPI 统计，一是 CPI 的统计口径应该与国际上通行国民经济核算体系中的消费分类相一致，以满足国民经济核算的需要。目前我国国民经济核算采用 1993 年“国民经济账户体系”（The system of national accounts，简称 SNA 体系），将商品房的投资属性剔除了，只考虑其消费属性。因此，与 93SNA 体系一致，CPI 只反映与居民即期消费密切相关的消费品及服务项目的价格变动，不直接反映商品房价格的变动。二是考虑商品房购买与消费不同步，购买支出与当期实际住房消费不对等的情况，CPI 中对商品房的处理参照了“使用法”来统计和反映居民当期住房的消费。商品房购买是一种在短期内集中支付大量货币的行为，但所购商品房却用于今后几十年的消费。因此，按照国际通行做法，我国的住房消费服务通常用该住房的估算租金、物业管理及维修费等来反映，而不将房地产价格直接纳入 CPI 中。

另外，虽然 CPI 没有把购房价计算在内，但并不是说 CPI 和房价没有关系。因为 CPI 中的居住类包括了建房及装修材料、住房租金、自有住房等方面，而这几方面的价格变动与房地产价格有密切的相关性。

56. 在确定“三条保障线”时，为什么要参考“低收入居民生活费用价格指数”？

在确定城市居民最低生活保障、失业保险及国有企业下岗职工基本生活保障等三条保障线标准时，从理论上来看，应采用低收入居民生活费用价格指数为依据更符合我国实际。但在实际工作中，由于各地还未全面推行低收入居民生活费用价格指数的编制工作，有些地方目前仍参考 CPI，由于没有考虑低收入居民的消费结构，因此不能准确测算物价上涨对低收入居民家庭生活的影响。而编制“低收入居民生活费用价格指数”，是根据低收入户的消费结构，测算物价变动对低收入户居民生活的影响，考虑了低收入户的消费特点，更贴近实际，能更准确的反映物价上涨对低收入户的影响。如某地因猪肉价格上涨，并带动其他食品价格上涨，使居民基本生活费用价格指数上涨8.5%。该地最低保障标准在上年末为每月200元，并一直没有提高。按此计算，由于价格上涨影响了低收入居民生活水平，200元的保障标准仅相当于上年末的184.33元。若要维持上年末价格水平，就需每月提高17元才能保证基本生活需要。同时，随着社会经济的发展，人们生活水平的提高，低收入群体的生活水平也应相应提高，这就需要加上居民消费的增长情况进行综合考虑，将最低保障标准确定在每月217元以上。因此，低收入居民生活费用价格指数，是各级人民政府调整最低工资、社会保障和社会救助标准的科学依据。

57. 经常听到扣除物价因素实际增长多少，物价因素就是指CPI吗?

按当年价格计算的价值指标，在不同年份之间进行对比时，由于有各年间价格变动因素，不能确切反映实物量的增减变动情况。扣除价格因素就是消除各年间价格变动的影响，使之更为可比。需要特别注意的是，扣除的物价因素不一定就是CPI，不同的统计指标扣除物价因素所用的价格指数是不同的。如社会消费品零售总额使用零售价格指数扣除物价因素，工业增加值使用工业品出厂价格指数扣除物价因素，第三产业中的部分服务业的增加值使用CPI中的分类指数如交通价格指数、教育文化娱乐价格指数来扣除价格因素。假如2007年某省社会消费品零售总额的现价发展速度为111.1%，零售价格指数为

102.9%，则扣除价格因素后的社会消费品零售总额实际增长速度应为8.0%。

58. CPI与通货膨胀有什么关系?

通货膨胀，指在纸币流通条件下，货币发行量超过流通中实际所需要的货币量而引起的货币贬值现象。也就是货币供给大于货币实际需求，以及现实购买力大于产出供给，导致货币贬值的现象，其实质是社会总需求大于社会总供给。通货膨胀最为直接的表现是一段时间内整体物价水平持续而普遍地上涨。

CPI是居民消费价格指数的英文缩写，是反映与居民生活有关的商品及服务项目价格的变动趋势和程度的相对指标。

在正常情况下，市场上流通的货币与商品流通中实际需要的货币应保持一定的比例，如果货币发行量过多，超过一定的额度，就会引起通货膨胀、货币贬值。在通货膨胀的条件下，一般商品普遍供不应求，导致价格普遍上涨。当商品价格普遍上升到其吸收货币的数量超过原价格条件下商品流通过程中所必需的货币数量的时候，就会在新的价格水平上停顿下来。这时，新的货币流通数量就与新的价格普遍上涨条件下的商品流通过程中所必需的货币数量相适应了。通货膨胀程度越低，价格水平上涨幅度也越低，反之，则越高。这也就是说，通货膨胀与价格普遍上涨是同一问题的不同表现形式。

通货膨胀既然是指由于货币发行过多而导致的价格普遍上涨，那么用以反映通货膨胀程度的价格指数在内容上应包含居民生活消费品和生产资料，但世界各国基本上都不计算这样的价格指数。而居民消费价格反映的是商品或服务项目的最终价格，它最全面地反映了商品流通对货币的需求量，因此，居民消费价格指数是最能充分、全面反映通货膨胀率的价格指数。目前，世界各国基本上均用居民消费价格指数 CPI，来反映通货膨胀的程度。

用 CPI 作为通常观察通货膨胀水平的重要指标，并不是说 CPI 涨得较快就是通货膨胀。在不同的国家和地区，利用 CPI 判断通货膨胀的标准不同，也可以说是通货膨胀对 CPI 的容忍度不同，通常发达国家的容忍度要低些，发展中国家要高些。

商品价格与通货膨胀

59. CPI 与股票市场的涨跌有什么关系?

CPI 与股票价格是两个不同的价格体系。它们之间又有着非常紧密的联系，相互影响，CPI 的持续上涨无疑会对股票市场产生重大影响。

在宽松的货币政策下，银行存贷利率往往较低，那么银行对社会流动性资金吸引力就会降低，银行储蓄存款总额甚至会出现负增长。而股市和房地产等投资市场领域往往会吸引流动性资金进入，继而拉高房价和股指。但股指不可能保持持续的上涨，因为市场流动资金过多后，CPI 也会持续上涨。随着 CPI 的持续上涨，国家必将加大货币、财政政策调控的力度，会出台紧缩性的宏观调控政策，如连续上调商业银行存款准备金率或加息，流动资金紧缺势必传导至股市，资金就会从股市中流出，导致股指的变化。另外，CPI 上涨也会对居民的投资心理产生影响。一方面，CPI 上涨加大了居民生活的消费成本，会削弱居民的消费信心，也使得居民投资更谨慎和理性。另一方面，部分投资者认为：假设在盈利能力不变的前提下，股票的合理市盈率（PE），理论上要参考银行一年期利率来确定，且与利率水平成反比。即利率水平越高，PE 就越低，对应平均股价就越低。所以 CPI 的上涨导致银行加息后，投资者会考虑市盈率而减少投资，使股市的整体合理市盈利率降低，降低股市估值水平。

CPI 的持续上涨将引发股市结构性调整。我国以往的通货膨胀大多是由于货币过多引起的，但过多的货币并非平均或同时流向各个行业，而是先流入强势部门或强势行业。因此，一个时期内某些板块比较活跃，将可能保持稳定或向上的强势；随着 CPI 的上涨，投资者可能会选择抗通胀的一些板块或个股进行避险甚至投机炒作，一些抗通胀的板块或个股可能走出阶段性强势；另外，在 CPI 持续上涨背景下，国家政策鼓励或者保护的行业板块将有可能进入新的增长周期；而对于国家限制的高耗能、高污染产业，以及将受到 CPI 的持续上涨和调控政策影响可能出现利润下降的行业板块或个股可能将下跌。

CPI 的过度上涨也提示股市投资者警惕企业经营风险及政策调控风险。CPI 的持续上涨，往往同时伴随着其他一些价格指数如 PPI 的上涨，这些价格的上涨会导致部分上市公司的资金成本增加（企业贷款的成本增加），或导致部分公司生产成本增加，使得这些企业的盈利减少，股票的市盈率升高。同时随着 CPI 的持续上涨，国家出台紧缩政策的可能性逐步增强，甚至不排除宏观政策进入紧缩周期，因此市场资金对股票投资欲望逐步减小，导致股指下跌。股票市场上通常说的“通胀无牛市”，就指的是在物价过度地、持续地上涨的背景下，股票市场一般走不出牛市行情，而往往是低位振荡或持续下跌。

60. CPI 和存款利率有关吗?

物价水平上升，意味着实际利率下降，如果存款利率保持不变，物价持续上涨后，甚至可能出现负利率，使存款人的资产遭受损失。为了继续吸引存款，就要弥补物价上涨给存款人带来的这种损失，银行就必须考虑合理提高利率水平。所以，利率水平与 CPI 具有同向变化的趋势，物价水平的变动成为影响利率水平的因素之一。

当银行利率（一般指 1 年期的利率）高于 CPI 时，存钱到银行就会增值；当银行利率（一般指 1 年期的利率）低于 CPI 时，存钱到银行就会贬值，因为在银行存入的钱一年后获得的利息不能抵消物价上涨的部分。

61. 我国现行价格形式有哪几种?

《中华人民共和国价格法》规定我国实行市场调节价、政府指导价、政府定价三种价格形式。

（1）市场调节价。市场调节价是指经营者自主制定，通过市场竞争形成的价格。但必须指出，经营者自主定价，不是完全根据经营者的主观意愿随意定价，其核心是通过市场竞争来形成。从政府对市场价格监管的角度而言，凡是已明确放开由市场形成价格的，都必须要坚决放开让市场自发形成价格，不能随意收回定价权，或对其价格形成进行任意干预，但是政府可以通过对经营者价格行为的规范，间接调控市场价格，促进市场调节价的合理形成。

（2）政府指导价。政府指导价是由政府价格主管部门或其他有关部门按照定价权限和范围规定基准价及其浮动幅度，指导经营者制定的价格。政府指导价是一种具有双重定价主体的价格形式，由政府规定基准价及浮动幅度，引导经营者据此制定具体价格。政府通过制定基准价和浮动幅度，达到控制价格水平的目的。经营者可以在政府规定的基准价和浮动幅度内灵活地制定调整价格。

（3）政府定价。政府定价是由政府价格主管部门或者其他有关部门按照定价权限和范围制定的价格。政府定价的主体是政府价格主管部门或者政府其他有权部门。政府定价具有强制性。凡实行政府定价的商品价格和服务价格，不经价格主管部门或者其他有权部门批准，任何单位和个人都无权变动。否则，属于违法行为。

综上所述，政府指导价、政府定价是政府对价格的直接管理，其本身属于政府价格行为；市场调节价是由市场竞争形成的，其价格行为属于经营者价格行为，政府对其不进行直接管理，但可以通过经济、法律和行政手段进行间接干预。

62. 实施临时价格干预措施的范围主要有哪些？

实施临时价格干预措施的主要范围是直接关系国计民生的一些重要商品及服务项目。如对成品粮及制品、食用植物油、猪肉和牛羊肉及其制品、牛奶、水、电、气、成品油等重要商品及服务的价格干预。但中小企业或者个体经营商的商品价格变动不在临时价格干预的实施范围内。

在实际工作中，临时价格干预措施可根据不同时期、不同商品及服务的价格变化情况制定相应的干预措施和范围。例如 5・12 汶川大地震发生后，在抗震救灾期间，受灾地区的临时价格干预商品和服务项目主要集中在食品、帐篷等生活必需品。而在灾后重建期间，为了让受灾群众尽快的住进永久性住房，将党中央、国务院和四川省委、省政府对灾民的关心落到实处，四川省政府加强了对建材价格，特别是砂石、砖瓦、水泥、钢材价格的临时干预，并对砂石、砖瓦出厂和销售价格实行属地负责制，省内产的钢材、水泥出厂价格实行最高限价控制，水泥、钢材的销售价格实行差率管理和最高限价相结合的办法，以保证灾区恢复重建工作的顺利进行。

63. 政府调控市场价格有哪些手段?

政府可以通过经济、法律和行政手段，对市场价格的形成、运行和市场价格变动进行调控和干预，以保证价格机制有效地发挥作用。与此同时，也可以通过信息发布引导社会心理预期，通过新闻等社会监督规范市场价格行为。政府具体的调控手段有以下几种：

（1）经济调控手段。经济调控手段是市场经济国家普遍使用的重要调控手段之一，它是指政府根据价格形成的内在规律和市场供求规律，调节商品的需求和供给，影响价格形成的各种要素，从而达到调控市场价格的目的。在市场经济条件下，政府经济调控手段主要有：货币政策；财政政策；投资政策；进出口政策；重要商品储备制度；价格调节基金制度。

（2）法律调控手段。法律调控手段是用法律规范来调整价格关系，使价格的制定、调整、实现、争议及裁决等行为法制化。用法律调控手段调控价格主要是规范价格调控的形式；规范价格调控和干预的权限；规范价格行为主体的权利和义务；规范价格监管机构的设置、职权、责任；规范价格违法行为的检查与处罚方法；规范价格调控手段和措施的运用。

（3）行政调控手段。行政调控手段是指政府用行政命令方式，对商品价格的形成、变动所进行的直接管理。行政手段主要有：对少数重要商品和服务价格实行政府指导价或政府定价、限定差价率或者利润率、规定限价、实行提价申报制度、调价备案制度以及集中定价权限和冻结价格。

64.《价格法》规定了消费者具有哪些需要法律保护的权益？

《价格法》规定：（1）消费者有参与定价的权利；（2）消费者可以对政府指导价、政府定价提出调整建议；（3）消费者有权对政府和经营者的价格行为进行社会监督；（4）消费者有权举报价格违法行为；（5）经营者在销售、收购商品和提供服务中应当明码标价，保障消费者的知情权；（6）经营者因价格违法行为致使消费者多付价款的，应当退还多付部分，造成损害的，应当依法承担赔偿责任。

65. 什么是政府价格决策听证?

政府价格决策听证是指政府价格主管部门在制定（调整）实行政府指导价或者政府定价的重要商品和服务价格前，组织社会有关方面，对制定价格的必要性、可行性进行论证。《价格法》第二十三条规定："制定关系群众切身利益的公用事业价格、公益性服务价格、自然垄断经营的商品价格等政府指导价、政府定价，应当建立听证会制度。由政府价格主管部门主持，征求消费者、经营者和有关方面的意见，论证其必要性、可行性。"政府价格决策实行听证制度，有利于沟通政府、经营者和消费者在价格制定方面的意见，有利于加强社会对政府价格决策行为的了解和监督，促使经营者加强经营管理、降低成本，提高政府定价的科学性。因此，政府价格决策听证是提高政府价格决策的科学性和透明度，促进政府价格决策的民主化和规范化的重要途径。